Bibliografische Information der Deutschen Nationalbibliothek:

Die Deutsche Bibliothek verzeichnet diese Publikation in der Deutschen National-
bibliografie; detaillierte bibliografische Daten sind im Internet über http://dnb.d-
nb.de/ abrufbar.

Impressum:

Copyright © 2015 GRIN Verlag, Open Publishing GmbH
Druck und Bindung: Books on Demand GmbH, Norderstedt Germany
ISBN: 978-3-668-13398-3

Dieses Buch bei GRIN:

http://www.grin.com/de/e-book/314773/geschaeftsmodelle-im-internet-der-dinge-
fuer-konsumenten-ethische-probleme

Dominik Sigg

Geschäftsmodelle im Internet der Dinge für Konsumenten. Ethische Probleme, Herausforderungen und Anwendungsmöglichkeiten

GRIN Verlag

GRIN - Your knowledge has value

Der GRIN Verlag publiziert seit 1998 wissenschaftliche Arbeiten von Studenten, Hochschullehrern und anderen Akademikern als eBook und gedrucktes Buch. Die Verlagswebsite www.grin.com ist die ideale Plattform zur Veröffentlichung von Hausarbeiten, Abschlussarbeiten, wissenschaftlichen Aufsätzen, Dissertationen und Fachbüchern.

Besuchen Sie uns im Internet:

http://www.grin.com/

http://www.facebook.com/grincom

http://www.twitter.com/grin_com

Kritische Würdigung von Geschäftsmodellen im Internet der

Dinge für Konsumenten

Projektarbeit

im Studiengang Wirtschaftsinformatik und E-Business

an der Hochschule Ravensburg-Weingarten

Name: Dominik Sigg

Bearbeitungszeitraum: 16.10. – 10.12.2015

Inhaltsverzeichnis

Abbildungsverzeichnis

Abkürzungsverzeichnis

RFID	Radio-frequency identification
App	Applikation, application
KwH/m²	Kilowattstunde pro Quadratmeter
P.a.	Per Anno
IT	Informationstechnik
MPG	Medizinproduktegesetz

Tabellenverzeichnis

1 Einleitung

1.1 Problemstellung

Technologischer Fortschritt wird immer rasanter. Das Internet der Dinge ist dabei der neueste Trend. Immer mehr digitale, internetfähige Geräte kommen auf den Markt. 2015 nutzten mehr als 44 Millionen Menschen in Deutschland ein Smartphone.[1]

Datennetze werden immer umfangreicher und schneller ausgebaut. Dadurch werden sich auch größere Datenmengen in immer kürzerer Zeit herunterladen lassen.[2] Ebenso werden sogenannte „RFID-Tags" (radio-frequency identification), mit denen sich eine Vielzahl von Objekten vernetzen lassen, kleiner und billiger und somit besser geeignet um Daten von verschiedenen Dingen zu erheben und auszutauschen.[3]

All das hat das Internet der Dinge erst interessant werden lassen und wird durch eine Vernetzung von vielen unterschiedlichen „Dingen" oder Geräten nun auch Realität.

Wie können nun Konsumenten die enormen Potentiale des Internet der Dinge für sich nutzen? Was für Geschäftsmodelle gibt es bereits und warum sollten sich Privatpersonen dafür entscheiden? Entstehen womöglich durch den Einsatz von Technologien des Internet der Dinge ebenso ethische Probleme oder Herausforderungen? Wie sehen konkrete Anwendungsmöglichkeiten im privaten Bereich aus?

1.2 Ziel der Arbeit

Ziel der Projektarbeit soll die Ausarbeitung von Geschäftsmodellen im Internet der Dinge im privaten Bereich sein. Dazu sollen, im Einklang mit dem Umfang der Arbeit, drei konkrete Geschäftsmodelle vorgestellt werden. Diese sollen sich auf das private Umfeld eines Konsumenten beziehen und werden anhand der Kriterien Funktion, Technische Umsetzung, Kostenersparnis, Zeitersparnis und Anwendbarkeit untersucht.

Analog dazu sollen diese Geschäftsmodelle einer kritischen Würdigung unterzogen werden. Hier soll es vor allem auch um eine realitätsnahe Umsetzung der Geschäftsmodelle gehen.

1.3 Abgrenzung des Themas

Das Internet der Dinge findet vor allem auch in der Industrie großen Anklang und hat dort ebenfalls schon etliche Geschäftsmodelle hervorgebracht. Die Projektarbeit befasst sich ausschließlich mit mehr oder weniger bereits etablierten

---

[1] Vgl. Bitkom (2015)
[2] Vgl. Andelfinger, P. V. (2015), S. 3-4
[3] Vgl. Bundesamt für Sicherheit in der Informationstechnik (2015)

Geschäftsmodellen im privaten Bereich welche von normalen Konsumenten genutzt werden können. Dabei spielen vor allem Anwendungen, Geräte oder Dinge eine Rolle, die hauptsächlich in der eigenen Wohnung stehen bzw. dort verwendet werden.

1.4 Stand der Forschung

Das Internet der Dinge stellt ein relativ neues und aktuelles Themengebiet dar. Rasche Technologiesprünge führen zu immer innovativeren Geschäftsmodellen.

Einige Unternehmen haben ihre Forschungen im Internet der Dinge für private Konsumenten intensiviert und bieten bereits fertige Lösungen an. Dazu gehören beispielsweise Bosch[4] oder die Telekom[5].

1.5 Vorgehensweise

Anfänglich gibt es eine Einführung in das Internet der Dinge. Hier geht es vor allem um eine Begriffsabklärung und anschließende allgemeine Betrachtung der Chancen und Risiken des Internet der Dinge für Unternehmen und Gesellschaft in Deutschland.

Darauf aufbauend folgen die Geschäftsmodelle mit ihrer kritischen Betrachtung und Würdigung.

Abschließend werden die einzelnen Geschäftsmodelle im Schlussteil zusammengefasst. Ein Ausblick auf die kommenden Entwicklungen in diesem Bereich beendet die Arbeit.

2 Einführung in das Internet der Dinge

2.1 Begriffserklärung

Nachfolgend sollen nun wichtige Begriffe der Projektarbeit näher erläutert und in Zusammenhang gebracht werden. Dabei sollen Geschäftsmodelle, Konsumenten und das Kernthema Internet der Dinge detailliert beschrieben werden.

2.1.1 Geschäftsmodell

In der Literatur existiert eine Reihe von Definitionen zum Begriff Geschäftsmodell. Viele beginnen bei der Definition mit einer Aufteilung des Begriffs in *Geschäft* und *Modell*. „Unter *Modell* wird im Allgemeinen eine vereinfachte Abbildung eines definierten Ausschnitts der realen Welt bzw. Realität verstanden."[6] Dies soll vor allem die Komplexität reduzieren und eine bessere und einfachere Betrachtung ermöglichen. Der Begriff des *Geschäfts* ist etwas schwieriger zu definieren. „Im alltäglichen Sprachgebrauch werden unter dem Begriff sowohl der entgeltliche Austausch von

---

[4] Vgl. Bosch Software Innovations (2015)
[5] Vgl. Telekom (2015)
[6] Doleski, O. D. (2014), S. 5

Gütern und Leistungen zwischen Geschäftspartnern als auch die auf Gewinn abzielende Tätigkeit von Unternehmen subsumiert.[7] Kurz und prägnant kann das Geschäftsmodell also als „eine vereinfachte Abbildung einer auf Gewinn abzielenden Unternehmung"[8] angesehen werden.

Konkret soll ein Geschäftsmodell aufzeigen, wie mit einem Vorhaben Geld oder ein Mehrwert generiert werden kann. Dies soll vor allem auch für Außenstehende transparent dargelegt werden. Aufgrund dessen sollte ein Geschäftsmodell ebenfalls evaluiert werden können.[9]

Durch die zunehmende Globalisierung und Digitalisierung der letzten Jahrzehnte haben sich der Ansatz und die Rahmenbedingungen eines Geschäftsmodells gewandelt. Ein wesentlicher Punkt dabei spielt das Internet. In nahezu jedem Geschäftsmodell spielt es eine Rolle. Sei es als Vertriebs- oder auch nur Kommunikationskanal.[10]

Wichtig ist daher eine grundsätzliche Bereitschaft aller zukunftsorientierten Unternehmen, die eigenen Geschäftsmodelle ständig zu überprüfen und an die geänderten Rahmenbedingungen anzupassen. Nur so können Unternehmen wettbewerbsfähig bleiben und erfolgreich ihre Zukunft gestalten.[11]

2.1.2 Konsument

Konsumenten bzw. Verbraucher sind Einzelpersonen oder Gruppen „(...) mit gemeinsamer Zielsetzung beim Konsum.[12] Entscheidend für Unternehmen ist hierbei das Konsumverhalten der Verbraucher. Der Konsument oder Verbraucher entscheidet sich bewusst oder unbewusst für ein Produkt. Davor hat er verschiedene Möglichkeiten zum Kauf anderer Produkte kritisch oder auch nur oberflächlich abgewogen.[13]

Das Konsumentenverhalten hat sich jedoch im Zuge der Digitalisierung stark gewandelt. „Vernetzte Konsumenten tauschen sich im Internet vor, während und nach dem eigentlichen Kaufakt über konsumbezogene Themen aus, sie beeinflussen sich dabei gegenseitig und nehmen dabei gegenüber den Anbietern eine stärkere Position ein."[14] Kaufentscheidungen werden also immer mehr über das Internet getroffen. Käufer müssen sich nicht mehr nur auf die Informationen der Anbieter verlassen,

[7] Doleski, O. D. (2014), S. 5
[8] Schallmo, D. (2013), S. 19
[9] Vgl. Weis, X. B. (2014), S. 88
[10] Vgl. Bieger, T. (2011), S. 3
[11] Vgl. Bieger, T. (2011), S. 5-6
[12] Gabler Wirtschaftslexikon (2015)
[13] Vgl. Heertje (1997), S. 96
[14] Michelis, D. (2014), S. 50-51

sondern können auf eine Vielzahl von Rezensionen und Bewertungen anderer Käufer zurückgreifen und so vermeintlich bessere Entscheidungen treffen.

2.1.3 Internet der Dinge

Das Internet der Dinge ist die neueste Entwicklung in der Evolution des Internets. Angefangen über das Vernetzen einzelner Computer in Forschungseinrichtungen bis zum sozialen Web. Das Internet der Dinge stellt eine neue Dimension in der Vernetzung dar. Nun werden nicht mehr nur Computer vernetzt und kommunizieren miteinander, sondern auch Gegenstände mit Computern, dem Internet oder untereinander.[15]

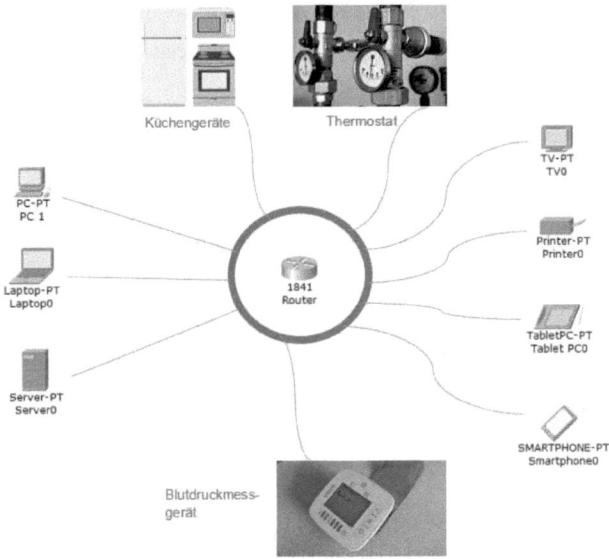

Abbildung 1: Vernetzung von Geräten und Dingen mit dem Internet (Eigene Darstellung)

Abbildung 1 verdeutlicht die Vernetzung von Geräten und Dingen mit dem Internet. Angefangen mit stationären Computern, mobilen Laptops und Servern bis hin zu neuartigen elektronischen Geräten. Dazu gehören die aktuellsten Smartphones, Tablets, Drucker und Fernseher, die mittlerweile alle über einen Internetanschluss verfügen und wesentliche Funktionen, im Falle einer Nichtanbindung an das Internet, eingeschränkt wären. Im Zuge des Internet der Dinge werden interessanterweise nun

---

[15] Vgl. Andelfinger, P. V. (2015), S. 11-15

auch immer mehr „Dinge" im privaten Bereich bzw. dem eigenen Zuhause mit dem Internet und anderen Geräten verbunden und vernetzt. Exemplarisch dafür sind in der Abbildung Küchengeräte, intelligente Thermostate und Blutdruckmessgeräte dargestellt. All diese Geräte können als Geschäftsmodelle im Internet der Dinge für private Konsumenten bezeichnet werden. Im späteren Teil dieser Arbeit werden genau diese Geschäftsmodelle näher betrachtet und analysiert.

Einige Technologien des Internet der Dinge benötigen technische Voraussetzungen (Sensoren, Chips, etc.) um optimal funktionieren zu können. Eine in diesem Zusammenhang weit verbreitete und einfache Möglichkeit stellen die „RFID-Tags" dar. „RFID-Technologie lässt sich aufgrund ihrer besonderen Eigenschaften zur automatischen Identifikation in diversen Anwendungsgebieten einsetzen."[16]

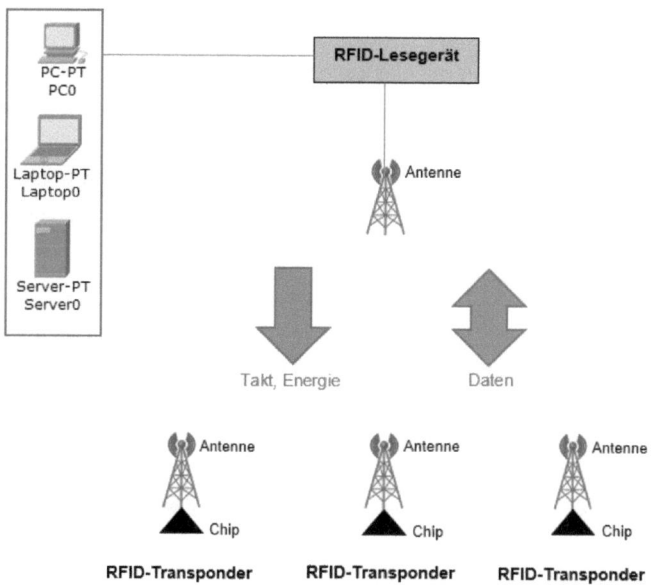

Abbildung 2: Bestandteile eines RFID-Systems (Eigene Darstellung in Anlehnung an Tamm, G. (2010), S. 13)

Abbildung 2 zeigt die verschiedenen Bestandteile der RFID-Technologie. Wesentlich sind RFID-Transponder (die aus einer Antenne und einem Chip bestehen), RFID-Lesegeräte und Geräte welche Daten und Signale auswerten und verarbeiten können wie beispielsweise Computer. Die Funktion ist denkbar einfach und unkompliziert.

---

[16] Tamm, G. (2010), S. 2

„Kommt der RFID-Transponder in die Reichweite des Sendefelds eines RFID-Lesegeräts, wird der Transponder aktiviert, indem ihm die für den Betrieb benötigte Energie, Daten und der Takt übermittelt werden. Der RFID-Transponder sendet seine Antwortdaten an das Lesegerät zurück, welches diese dem Informationssystem ggf. nach einer Bearbeitung zur Verfügung stellt."[17]

Konkrete anwendungsorientierte Beispiele für diese Technologie gibt es heute schon in der Industrie und im Supply Chain Management. Durch das Anbringen von RFID-Tags an Produkten, Paletten oder ähnlichem ist vor allem in großen Unternehmen eine lückenlose Rückverfolgung der Produkte möglich. Dadurch steigert RFID „(...) den Automatisierungsgrad durch die Integration materieller Ressourcen mit IT-Systemen."[18]

Schlussendlich stellt RFID eine wichtige Technologie für das Internet der Dinge dar. Geräte und Dinge lassen sich einfach und wirtschaftlich miteinander vernetzen und sorgen so für einen effizienten Datenaustausch entlang der Wertschöpfungskette.

Ein weiterer Begriff, welcher immer öfter genannt wird und einer breiteren Öffentlichkeit bekannt ist, ist der des „Smart Home". Grundsätzlich geht es ihr um die Vernetzung von Geräten und Dingen im eigenen Zuhause. Zum einen können sämtliche Multimediageräte zentral über den Computer, das Smartphone oder das Tablet bequem gesteuert werden. Zum anderen entstehen aber auch wirtschaftliche Vorteile durch intelligente Steuerungen von Heizung oder Licht.[19]

Ein Begriff, der immer wieder in Zusammenhang mit dem Internet der Dinge gebracht wird, ist der der „Industrie 4.0". Er spielt auf die sogenannte 4. industrielle Revolution an. Nach der Dampfmaschine, Fließbandfertigung und Elektrizität und dem noch gar nicht so alten Beginn des Einsatzes von Informationstechnik in der Produktion, werden nun auch immer mehr Systeme, Maschinen und Produkte in modernen Produktionshallen miteinander vernetzt. „In Industrie 4.0 suchen die Werkstücke in der Produktion selbstständig den schnellsten Weg durch die Werkhalle zur Maschine, rüsten sich die Maschinen automatisch durch Informationen des Werkstücks um, bestellen automatisch Ersatzteile."[20]

2.2 Chancen und Risiken

Die Art und Weise wie Geräte, Dinge, Produkte und Maschinen schon heute und verstärkt in Zukunft miteinander kommunizieren und interagieren bietet enorme Chancen, aber auch Risiken für Unternehmen und Privatleute.

---

[17] Tamm, G. (2010), S. 14
[18] Strassner, M. (2005), S. 45
[19] Vgl. Andelfinger, P. V. (2015), S. 32-34
[20] Kaufmann, T. (2015), S. 4

Chancen lassen sich auf den ersten Blick im unternehmerischen Umfeld erkennen. Eine konsequente Umsetzung von Technologien des Internet der Dinge führt unterstützend zu einer Optimierung oder Neuausrichtung von Geschäftsprozessen. Dadurch lassen sich wirtschaftliche Vorteile ausmachen. Ökonomische sinnvolle Weiterentwicklungen lassen das Internet der Dinge ebenso im privaten Bereich Realität werden. Kosten für Strom und Heizung sind immer noch relativ hoch, sodass es sich lohnen würde in intelligente Regulierungssysteme zu investieren um auf lange Sicht auch hier enorme Einsparpotentiale haben zu können. Ebenso lassen sich die immer billigeren und ausgereiften Multimediageräte intelligent zusammen vernetzten und bequem ohne großes technisches Knowhow zentral und einfach steuern.

Analog zu den eben genannten Chancen, lassen sich einige offensichtliche Risiken oder Schwachstellen nicht von der Hand weisen. Immer wenn viele Daten erhoben oder ausgewertet werden, stellt sich das Thema der Sicherheit von Daten und Systemen. Oft genug ist von Anbietern selber kein großer Wille zu erkennen, um die angebotene Soft- und Hardware optimal zu schützen und alle Datenschutzbestimmungen einzuhalten. Möglicherweise kann das einige Leute davon abhalten, sich näher damit zu beschäftigen. Auch soziale Aspekte könnte dabei eine Rolle spielen. Zunehmende Digitalisierung könnte dazu führen, dass Menschen „(…) verlernen, Dinge selbst zu tun und zu entscheiden, schlussendlich selbst zu denken, (…)."[21]

3 Geschäftsmodelle im Internet der Dinge

Im Folgenden werden nun drei Geschäftsmodelle, welche für die Anwendung im eigenen Zuhause gedacht sind, detailliert dargestellt und beschrieben. Dabei werden diese im Hinblick auf Funktion, Technische Umsetzung, Kostenersparnis, Zeitersparnis, Anwendbarkeit und Ethik untersucht. Abschließend wird eine kritische Würdigung vorgenommen.

Im Abschnitt Funktion wird auf den genauen Mehrwert des Geschäftsmodells eingegangen. Wie genau funktioniert es und wie nutzt man es optimal? Die technische Umsetzung beschäftigt sich Voraussetzungen, die gegeben sein müssen, damit die Anwendung überhaupt gestartet und in Betrieb genommen werden kann. Ökonomische Aspekte zeichnen den Abschnitt über Kostenersparnis aus. Der Abschnitt über Zeitersparnis untersucht, inwieweit sich das Geschäftsmodell in Bezug auf eine tatsächliche Effizienzsteigerung auswirkt. Ein ebenso wichtiger Punkt stellt das Kapitel über die Anwendbarkeit dar. Hier geht es vor allem darum, ob der private Anwender

---

[21] Andelfinger, P. V. (2015), S. 166

irgendwelche Voraussetzungen erfüllen muss, um die Software überhaupt benutzen zu können. Ebenso ist es wichtig herauszufinden, wie einfach die Bedienung ist und ob beispielsweise technisches Wissen vorausgesetzt wird. Im Abschnitt über Ethik werden vor allem Konzepte der Datensicherheit und auch das generelle Erheben von Daten eine Rolle spielen. Des Weiteren sollen gesellschaftliche Aspekte thematisiert werden. Abschließend wird eine kritische Würdigung, unterteilt in Vor- und Nachteile sowie Fazit, vorgenommen.

3.1 Intelligenter Kühlschrank

3.1.1 Funktion

Der intelligente Kühlschrank stellt ein interessantes Beispiel für die Vernetzung von Geräten im eigenen Zuhause dar. Das Prinzip ist denkbar einfach. Es soll zu jeder Zeit klar sein, was eine Person oder Familie in ihrem Kühlschrank gelagert hat. Analog dazu, sollen ebenso automatische Nachbestellungen von nicht mehr vorrätigen Produkten vorgenommen werden können. Ebenso ist ein Überwachen von Produkten mit Mindesthaltbarkeitsdatum vorgesehen.

Über die Vernetzung des smarten Kühlschranks mit einem mobilen Endgerät (Smartphone, Tablet, Computer, etc.), kann bequem eine Überwachung der eingekauften Produkte vorgenommen werden. Produkte können konventionell im Supermarkt oder auf dem Wochenmarkt eingekauft werden, oder aber in digitalen Shops im Internet geliefert werden lassen. Die Automatisierung soll hierbei so groß sein, dass es sogar Mindestbestände geben kann. Sollten diese unterschritten werden, werden automatische Bestellungen bei davor festgelegten Lieferanten ausgelöst.[22]

Sogar die Zubereitung von Essen und Getränken kann vereinfacht werden. Durch Applikationen auf dem vernetzten Smartphone können, auf Grundlage der vorhandenen Produkte im Kühlschrank, Rezeptvorschläge erstellt werden. Dies kann vor allem auch bei Produkten mit nahem Mindesthaltbarkeitsdatum sinnvoll sein, welche ebenfalls erfasst werden.

Grundsätzlich lassen sich also die Vorgänge Einkauf von Produkten, Lagerung von Produkten und Zubereitung der gelagerten Waren besser steuern, vereinfachen und automatisieren.

3.1.2 Technische Umsetzung

Für die technische Umsetzung des smarten Kühlschranks stehen mehrere Möglichkeiten zur Verfügung. Des Weiteren werden zur optimalen Nutzung technische Hilfsmittel benötigt.

---

[22] Vgl. Miller, F. (2001), S. 38

Eine der wichtigsten technischen Umsetzungen, damit aus einem normalen Kühlschrank ein intelligenter Kühlschrank wird, ist die Erfassung und gleichzeitige Speicherung der eingelagerten Produkte. Dies kann einerseits beispielsweise per Hand erfolgen. Das heißt, man gibt manuell alle Produkte über eine App auf dem Smartphone oder direkt auf einem Bildschirm am Kühlschrank ein.

Andererseits kann dies natürlich ebenso automatisiert geschehen. Dazu sind die im vorherigen Kapitel erläuterten RFID-Tags notwendig. Diese werden, optimaler Weise schon beim Einzelhändler, an die Produkte bzw. Produktverpackungen angebracht. Alternativ müssen die Etiketten manuell angebracht werden. Anschließend wird eine Antenne, welche als RFID-Lesegerät dient, in den smarten Kühlschrank integriert. Auf Grund dessen werden nun alle eingelagerten Produkte automatisch erkannt und registriert. Ebenso werden alle aus dem Kühlschrank genommenen Produkte erkannt und folgerichtig der Warenbestand aktualisiert.[23]

Eine weitere Möglichkeit der Erfassung von Produkten stellt das Scannen von Barcodes dar. Mit heutzutage üblichen Smartphones lassen sich die bereits vorhandenen einheitlichen Barcodes auf Produkten oder Produktverpackungen einfach und schnell scannen. Dazu sollte die Applikation auf eine Datenbank, welche die Barcodes konkreten Produkten zuordnen kann, zugreifen können. Beim Auslagern der Produkte müsste allerdings ebenso wieder gescannt werden.

Technisch einfacher umzusetzen, allerdings auch mit weniger Funktion, ist die der Webcams im Kühlschrank. Prinzipiell werden einfach nur eine oder mehrere Kameras in den Kühlschrank eingebaut. Diese beziehen dann im optimalen Fall den ganzen Innenbereich inklusive jedes Fach mit ein. Grundsätzlich ist es dann möglich auf dem privaten mobilen Endgerät live in seinen eigenen Kühlschrank zu schauen. Dies kann unterwegs oder im Supermarkt nützlich sein. Voraussetzung dafür ist allerdings eine mobile Internetverbindung, welche das Streaming von Videos ohne Unterbrechungen zulässt.

Günstige und allgemein verbreitete technische Hilfsmittel stellen z.B. Smartphones, Tablets oder auch die neusten Modelle von smarten Uhren dar. Diese Geräte sind heutzutage in fast jedem Haushalt vorzufinden und werden oft ständig mit sich rumgetragen. Auf Grund ihrer umfangreichen Funktionen stellen sie das perfekte Hilfsmittel zur Vernetzung mit dem intelligenten Kühlschrank dar. Das Scannen von Barcodes funktioniert heute schon reibungslos. Ebenso stellt die Entwicklung von

---

[23] Vgl. Deutsches Forschungszentrum für künstliche Intelligenz (2007)

einfachen Apps zur Erfassung, Speicherung und Auswertung der Produktdaten keine sonderlich großen Herausforderungen mehr dar.

3.1.3 Kostenersparnis

Eine Einsparung von Kosten lässt sich momentan nicht zwangsläufig erreichen. Die wenigen bisher auf dem Markt verfügbaren intelligenten Kühlschränke gehören heute zu den High-End Technik Produkten und siedeln sich dementsprechend auch im oberen Preissegment an. Selbst durch die erweiterten Funktionen lassen sich in einem normalen deutschen Haushalt auch über längere Zeit keine Kosteneinsparpotentiale erkennen. Einzig durch den Kauf eines energieeffizient arbeitenden Kühlschranks können mittel- und langfristig Energiekosten eingespart werden. Auch durch das Erkennen von Produkten, die bald an das Mindesthaltbarkeitsdatum heran kommen, lassen sich höchstens vernachlässigbare Kosteneinsparungen erkennen.

3.1.4 Zeitersparnis

Der Faktor Zeit hat bei smarten Technologien einen hohen Stellenwert. Der intelligente Kühlschrank kommt abhängig von der technischen Umsetzung auf recht unterschiedliche Zeiteinsparungen.

Die technisch einfachste Umsetzung, über die manuelle Eingabe der Produkte mittels einer App, dürfte am aufwendigsten sein. Bei einem Großeinkauf dürfte man die gleiche Zeit noch einmal mit der Eingabe auf dem Smartphone beschäftigt sein. Das Gleiche gilt für das Herausnehmen und Aufbrauchen der Produkte. Einzig die automatische Nachbestellung von verbrauchten Produkten über das Internet spart Zeit.

Eine wesentliche Zeitersparnis stellt die Technik mit den RFID-Tags dar. Manuelle Arbeit wird größtenteils vermieden. Das Einlagern und Auslagern erfolgt ganz bequem und automatisch. Allerdings müssen für diese Art der Automatisierung die Grundvoraussetzungen erfüllt sein. Sollten die notwendigen Etiketten nicht an allen Produkten befestigt sein, ergibt sich je nachdem ein nicht zu vernachlässigender Mehraufwand.

Die Variante zum Scannen von Barcodes eingekaufter Produkte stellt eine leicht verbesserte Version zur manuellen Eingabe von Produkten über das Smartphone dar. Gegenüber dieser Variante geht das Einscannen der Produkte mit dem Smartphone in der Regel schneller und ist weniger fehleranfällig. Jedoch müssen hier ebenso wieder solche Produkte berücksichtigt werden, die keine Barcodes haben. Üblicherweise haben auf dem Wochenmarkt eingekaufte Lebensmittel keinen Barcode. Das wiederum führt zu einem erheblichen Mehraufwand.

Die letzte Möglichkeit der technischen Umsetzung, der Anbringung von Kameras im Innenbereich des Kühlschranks, bringt überschaubare Zeiteinsparungen. Hier geht es vor allem um eine spontane visuelle Übersicht der gelagerten Produkte, beispielsweise beim Einkauf im Supermarkt. Dies dient aber hauptsächlich der Bequemlichkeit und lässt sich weniger auf mögliche Zeiteinsparpotentiale zurückführen.

3.1.5 Anwendbarkeit

Bei der Untersuchung der Anwendbarkeit (engl. Usability) muss ebenso wieder zwischen den einzelnen technischen Umsetzungen unterschieden werden. Grundsätzlich lässt sich jedoch sagen, dass bei allen Varianten ein mobiles Endgerät benötigt wird. Das heißt, eine gewisse technische Affinität wird vorausgesetzt. Dies beschränkt sich aber überwiegend auf die Handhabung und Bedienung eines handelsüblichen Smartphones. Viele Apps sind intuitiv verständlich. Das Selbe sollte für Applikationen zur Erfassung, Steuerung und Überwachung von intelligenten Kühlschränken gelten. Möglicherweise stellen ältere potentielle Kunden hierbei keine geeignete Zielgruppe dar. Für die Menschen, die aber ständig ein Smartphone mit sich führen, sollte die Applikation keine allzu große Hürde darstellen.

Eine geeignete App sollte jedoch so einfach wie möglich dargestellt werden. Im Grunde muss sie nur die Funktionen Erfassung, Speicherung und Löschen von Produkten beherrschen. Dargestellt werden sollten außerdem nur die Produkte, die momentan im Kühlschrank gelagert sind. Eventuell kann im zweiten Schritt eine Archiv- oder Statistikfunktion integriert werden. Hier kann dann der Verbrauch der letzten Tage und Monate aufgezeigt werden. Ebenfalls sollte die App das Scannen der Barcodes unterstützen. Jedoch lässt sich schon mit den einfachsten Smartphones über die Kamerafunktion zuverlässig ein Barcode scannen. Ein Überwachen des Kühlschrankinhalts mittels Webcams fordert allerdings eine sehr gute mobile Internetverbindung ein. Dies sollte sich aber zumindest relativ zuverlässig in Ballungszentren sicherstellen lassen.

3.1.6 Ethik

Selbstverständlich fallen bei der Vernetzung von Geräten Daten an. Dies zeigt sich allein schon daran, dass Produkte erfasst und gespeichert werden. Folgerichtig sollte ebenso das Thema Datensicherheit näher untersucht werden.

Erhobene Daten sind vor allem Bezeichnung, Menge bzw. Gewicht und Mindesthaltbarkeitsdatum. Darüber hinaus könnten theoretisch noch der Verbrauch der letzten Tage und Monate sowie der prognostizierte Bedarf für die kommenden Tage und Wochen ermittelt werden.

Die entscheidende Frage dürfte nun sein, wer auf die beschriebenen Daten alles Zugriff hat. Große Supermärkte könnten an den Daten Interesse haben. Mit ihnen ließe sich das Kaufverhalten der Kunden besser analysieren und anschließend zielführender Werbung platzieren. Außerdem könnten Kampagnen zur Kundenbindung effektiver durchgeführt werden. Ebenso könnten die Hersteller der Kühlschränke Interesse an den Daten haben und diese verkaufen wollen. Wichtig ist auf jeden Fall, genau festzulegen was mit den Daten passiert und wer genau darauf Zugriff hat. Dazu sollten auch immer nationale und internationale Datenschutzregelungen beachtet werden.

Weitere Probleme könnten in einer digitalen Abhängigkeit bestehen. Menschen würden es sich sehr bequem machen und oftmals nicht mal mehr eigenständig Essen zubereiten können. Durch Anweisungen des Smartphones würden sie sich digital abhängig machen. Es bleibt abzuwarten, wie sich diese Verhältnisse auf das normale Leben auswirken werden.

3.1.7 Vorteile

Smarte Technologien sollten nur dann auch eingesetzt werden, wenn sie messbare Vorteile gegenüber herkömmlichen Technologien bieten.

Die technologisch anspruchsvollste Variante des intelligenten Kühlschranks bietet klare Vorteile hinsichtlich Zeit und Komfort. Gerade bei Großfamilien dürften sich die hohen Anschaffungskosten schon nach kurzer Zeit in Form von Zeitersparnissen rentieren. Die automatische Bestellfunktion von zur Neige gehender Lebensmittel spart bzw. reduziert wöchentliche Supermarkteinkäufe. Dadurch dürften besonders in größeren Familien einzelne Mahlzeiten besser planbar sein.

Hinsichtlich der einfachen Handhabung via Smartphone, lässt sich der Kühlschrankinhalt leicht steuern und überwachen. Durch eine etwaige Warnfunktion, hat man Lebensmittel mit kurzem Mindesthaltbarkeitsdatum immer im Blick.

Auf Grund dessen, das smarte Technologien häufig die modernste Technik darstellen, dürfte ein neuer Kühlschrank auch in Bezug auf Werte der Energieeffizienz sehr gut abschneiden. Daraus lassen sich wiederum Stromkosten einsparen und so können die meist hohen Kosten langfristig wieder ausgeglichen werden.

3.1.8 Nachteile

Die Nachteile eines intelligenten Kühlschranks liegen auf der Hand. Gerade beim Scannen des Barcodes eines jeden Produkts stehen Aufwand und Ertrag meist in keinem ordentlichen Verhältnis. Es darf bezweifelt werden, dass durch das Scannen und die Ordnung im Kühlschrank viel bzw. überhaupt Zeit gespart werden kann. Auch das Liefern von Produkten über das Internet erfordert, dass jemand zuhause ist und die Waren entgegen nimmt.

Ebenso stellt sich die Frage der digitalen Abhängigkeit. Durch das ständige Abrufen von Details über den Inhalt seines Kühlschranks, lässt man sich immer mehr von Daten und Software beeinflussen und wird dementsprechend weniger spontan und verliert zum Teil auch die Fähigkeit zu eigenständigem Denken und Handeln. Analog dazu steht der unsichere Zugriff auf die eigenen Daten im Raum. Viele Unternehmen könnten Interesse an den Daten haben und Software ohne anschließende kommerzielle Nutzung der gesammelten Daten überhaupt gar nicht anbieten.

Nicht zuletzt dürften die hohen Kosten und der im Verhältnis dazu begrenzte Nutzen in Bezug auf eine Zeitersparnis negativ zu Buche schlagen. Ein Haushalt von zwei Personen dürfte kaum Vorteile aus einem intelligenten Kühlschrank ziehen.

3.1.9 Fazit

Die technologische Umsetzung eines intelligenten Kühlschranks bereitet Herstellern heutzutage keine großen Probleme mehr. Auch sind Smartphones und Internetanschlüsse weit verbreitet und gut ausgebaut.

Zielgruppen für smarte Kühlschränke dürften ausschließlich Großfamilien sein. Für alle anderen stellt der Kauf und Gebrauch eines intelligenten Kühlschranks keine messbaren Vorteile dar.

Ein weiterer wichtiger Punkt ist die genaue technische Umsetzung. Das Anbringen von RFID-Tags an allen Produkten muss vom Einzelhandel flächendeckend unterstützt werden. Ansonsten muss der Aufwand vom Kunden selber unternommen werden.

Eine weitere interessante Variante dürfte das Anbringen von kleinen Kameras im Innenbereich eines Kühlschranks sein. Dies könnte als „Light"-Variante mit weniger anfänglichem Aufwand verstanden werden und womöglich auch besser realisierbar sein.

Zum Ende hin dürfte entscheidend sein, ob Menschen überhaupt eine flächendeckende Digitalisierung ihres Eigenheims wollen oder einen möglichen Mehraufwand und weniger Ordnung in ihrem Kühlschrank gerne in Kauf nehmen. Gut vorstellbar ist ebenso, dass ein spontaneres und selbstbestimmteres Leben reizvoller als eine perfekt durchorganisierte Küche ist.

3.2 Automatische Regulierung und Steuerung einer Heizung

3.2.1 Funktion

Eine weitere interessante Anwendung im Internet der Dinge stellt die automatische Regulierung und Steuerung einer Heizung im eigenen Zuhause dar. Hier geht es vor allem darum, bereits installierte Heizkörper oder auch Fußbodenheizungen intelligent über eine Fernbedienung zu steuern. Das Endgerät, welches die Heizungen zentral steuert und reguliert, kann beispielsweise ein Smartphone sein.

Alle Heizungen zuhause können entweder automatisch oder manuell gesteuert werden. Durch Montage eines smarten Thermostates wird die Heizungssteuerung intelligent vernetzt. Das neue Thermostat verfügt über Sensoren, welche die momentane und eingestellte Temperatur messen, erfassen und anschließend regulieren. Analog dazu verfügt das Thermostat über eine Internetschnittstelle. Damit lässt sich die Heizung bequem über ein Smartphone mit dazugehöriger App steuern.[24]

Des Weiteren ist es möglich einen Algorithmus auf seine eigenen Angewohnheiten zu trainieren. Die Software merkt sich also, mithilfe von Standortdaten auf dem Smartphone, wann jemand das Haus verlässt und reguliert automatisch die Heizung nach unten bzw. schaltet sie komplett aus. Ebenso kann die App kurz vor Feierabend angewiesen werden, die Heizung wieder anzumachen und so für eine angenehme Temperatur zu sorgen. Die intelligente Steuerung kann sogar so weit gehen, dass Außentemperaturen und Wettervorhersagen entsprechend mit in die Planung einbezogen werden. Dies führt beispielsweise dazu, dass die Heizung an einem sonnigen Tag ebenjener Sonne das Heizen überlässt und sich erst wieder anschaltet, wenn diese wieder weg ist. Auch hat der Algorithmus die Fähigkeit, verschiedene Räume auf Grund ihrer möglicherweise unterschiedlichen Lage, Größe, Beschaffenheit und Isolierung anders zu heizen. So ist es möglich das ganze Haus effizient zu regulieren.[25]

3.2.2 Technische Umsetzung

Generell zeigt sich ein relativ niedriger Aufwand bei der Installation der intelligenten Steuerung. Bei Gebäuden mit eigenem Heizkessel wird eine kleine Box direkt an eben diesem angebracht. Diese kommuniziert mit einem Server, der die optimale Steuerung und Regulierung berechnet und einen Algorithmus anlernt. Der Server wiederum hat eine Verbindung mit einem mobilen Endgerät, welches zur Überwachung und manuellen Steuerung des Heizungssystems dient. Am einfachsten kann dies durch ein Smartphone mit einer dazugehörigen App geschehen. Sollte das eigene Zuhause über

---

[24] Vgl. RWE SMARTHOME (2015)
[25] Vgl. Tado (2015)

keinen Heizkessel verfügen, sondern über Fernwärme betrieben werden, so kann das konventionelle Thermostat am jeweiligen Heizkörper mit einem intelligenten Thermostat ausgetauscht werden. Dadurch kann dieselbe Leistungsfähigkeit erreicht werden.[26]

Zusammengefasst werden für einen erfolgreichen Betrieb, inklusive intelligenter Steuerung, lediglich zwei technische Geräte benötigt. Dazu gehört das intelligent arbeitende Thermostat, welches über das lokale Heimnetzwerk mit einem Server verbunden ist, sowie ein mobiles oder stationäres Endgerät. Das Thermostat schickt die relevanten Daten wie momentane Raumtemperatur und momentan eingestellte Temperatur an einen Server. Dieser wiederum kommuniziert mit einem Endgerät. Mit einer konfigurierten App kann der Konsument dann nach seinen persönlichen Wünschen die Temperatur regeln. Das Thermostat reguliert anschließend automatisch die Temperatur.

3.2.3 Kostenersparnis

„Intelligente Stromzähler und intelligente Netze sollen dazu führen, dass wir Energie intelligenter, sprich effizienter nutzen."[27] Der Hauptgrund dieser Technologie dürfte wohl im Einsparen von Kosten liegen. Gerade in schlecht isolierten oder großen Räumen bietet sich enormes Einsparpotential.

Tabelle 1: Einsparpotentiale intelligenter Heizungssteuerung für verschiedene Gebäudearten[28]

Gebäudetyp	Spezifisches Einsparpotential pro Haushalt in kWh/m² p.a. (Median über Testhausbewohner)
Einfamilienhaus Baujahr bis 1980	20
Einfamilienhaus Baujahr 1981 – 2000	15
Einfamilienhaus Baujahr nach 2000	13
Mehrfamilienhaus Baujahr bis 1980	17

---

[26] Vgl. Girod, B. (2014), S. 81
[27] Servatius, H.-G. (2012), S. 211
[28] Girod, B. (2014), S. 82

Mehrfamilienhaus Baujahr 1981 – 2000	13
Mehrfamilienhaus Baujahr nach 2000	10

Tabelle 1 zeigt energetische Einsparpotentiale von Haushalten in der Schweiz. Grundlage hierfür waren Langzeitdaten von 285 Haushalten. Dabei wurde zwischen verschiedenen Gebäudetypen und Baujahren unterschieden.[29]

Ergebnis war das spezifische Einsparpotential pro Haushalt pro Kilowattstunde (kWh) pro Quadratmeter (m²) eines Hauses im Jahr (p.a.). Das Ergebnis wurde als Mittelwert unter allen Messungen angegeben.

Die Ergebnisse zeigen eindeutige Einsparpotentiale auf. Besonders ältere Häuser, die möglicherweise schlechter isoliert sind, weißen höhere Einsparpotentiale auf. Im Vergleich dazu haben Mehrfamilienhäuser, welche in der gleichen Zeit gebaut wurden, geringere Einsparmöglichkeiten. Dies liegt vor allem daran, dass angrenzende Räume oder Gebäude die Wärme im Gegensatz zu Einfamilienhäusern besser halten können und im Verhältnis weniger Wärme abgeben.[30]

Aufgrund der Studie lassen sich in jedem Fall Energieeinsparungen bei älteren Häusern ausmachen. Unter Berücksichtigung des aktuellen Energiepreises lassen sich mit geringen Investitionen innerhalb kürzester Zeit messbare Einsparungen erzielen. Auch dürften sich die gemachten Investitionen innerhalb weniger Jahre amortisieren.

3.2.4 Zeitersparnis

Wesentlich für Überlegungen einer intelligenten Heizungssteuerung sind ökonomische Aspekte. Jedoch lassen sich ebenso Komfortaspekte und dahingehende Zeitersparungen erkennen.

Durch eine einfache Handhabung, sowie Überwachung aller Heizkörper im eigenen Zuhause, lassen diese sich auch über das Smartphone bzw. den Algorithmus steuern. Das heißt, es entfällt der „Kontrollgang" durch das ganze Haus. Jedoch dürfte das allein schon das größte Potential bieten. In kleineren Häusern ist diese Einsparung wohl vernachlässigbar.

---

[29] Vgl. Girod, B. (2014), S. 82
[30] Vgl. Girod, B. (2014), S. 82

3.2.5 Anwendbarkeit

Die Technik, welche mittlerweile auch schon marktreif geworden ist, kann relativ einfach angewandt werden. Bei der Installation muss lediglich das alte Thermostat mit dem neuen ausgetauscht werden. Jedoch kann dies gerade für Menschen, mit wenig handwerklichen Kenntnissen oder Interesse zu Schwierigkeiten führen. Allerdings sollte der Einbau mit Hilfe eines Heizungsinstallateurs oder ähnlich qualifizierter Handwerker kein Problem sein.

Sollte dieser Schritt abgeschlossen sein, ist auch der größte Teil des Einbaus beendet. Nachfolgende Wartungsarbeiten sollten nicht notwendig sein und werden falls doch notwendig, automatisch und planbar über das Internet durchgeführt.

Für die Steuerung wird, wie für fast alle Technologien im Internet der Dinge, ein Smartphone benötigt. Darauf läuft die entsprechende App mit grafischer Benutzeroberfläche zur Eingabe von Wünschen und Überwachung von momentanen sowie vergangenen Zuständen. Die App sollte selbstverständlich so einfach wie möglich aufgebaut sein und sich ohne spezielle Vorkenntnisse bedienen lassen. Eine normale Affinität und Interesse in Bezug auf Smartphones und Digitales wird vorausgesetzt. Demnach dürfte es schwierig sein, ältere Personen und insbesondere Senioren von der Technik überzeugen zu können. Bei ihnen wird es schwierig sein, einen echten Mehrwert herausstellen zu können.

3.2.6 Ethik

Entscheidend für einen erfolgreichen Einsatz der Technologie dürften sozio-kulturelle Faktoren sein. Wenn gleich eine technische Umsetzung relativ günstig möglich ist, gibt es dennoch genügend kritische Aspekte. „Beispielsweise kann die intelligente Heizungssteuerung in sozialen Gruppen, die einen hohen Wert auf Luxus und Status legt, als Beeinträchtigung wahrgenommen werden, wenn der thermische Komfort der Bewohner geringfügig sinkt."[31] Möglicherweise empfinden es einige Personen als direkten Entzug der Selbstbestimmung und möchten frei selber entscheiden wie und wann sie ihre Wohnung heizen. Ganz unerheblich von eventuellen Energiekosteneinsparungen.

Ein weiterer Faktor dürfte das in Deutschland kritisch gesehene Thema der Datensicherheit bzw. des Datenschutzes sein. Bei der intelligenten Heizungssteuerung werden automatisch viele Daten gesammelt und auf Servern gespeichert, auf die der Kunde im Normalfall keinen direkten Zugriff hat. Nun wäre es zumindest theoretisch

---

[31] Girod, B. (2014), S. 87

möglich, dass durch einen Angriff von außen, das private Heizungssystem gesteuert und gezielt manipuliert werden könnte. Für viele Anwender ein beunruhigendes Gefühl.

Bei einigen Heizungssteuerungen wird der Standort des jeweiligen Nutzers für eine effiziente Wärmeregulierung benötigt. Wenn der Nutzer sein Zuhause verlässt, wird dies durch die Ortungsfunktion des Mobiltelefons an den Server weitergegeben, dort wird neu berechnet und die Heizung automatisch heruntergefahren. Dies führt unter anderem auch zur Anlage eines Nutzungsprofils. Das bedeutet, Standortdaten werden angelegt und zum Zwecke der intelligenten Heizungssteuerung verwendet. Jedoch bleibt unklar, was mit dem Rest der Daten geschieht.

3.2.7 Vorteile

Der größte direkte Nutzen einer intelligenten Heizungssteuerung dürfte in der Kostenersparnis liegen. Viele Hersteller werben mit diesem Argument, sie sehen es als am besten vermittelbar an. Und tatsächlich haben Studien, wie die der ETH Zürich[32] gezeigt, dass insbesondere bei älteren Einfamilienhäusern eine signifikante Effizienzsteigerung erzielt werden kann. Ein bisschen weniger, aber dennoch merklich, konnten ebenso Mehrfamilienhäuser mit intelligenter Steuerung und Regulierung, Einsparungen verzeichnen. Dies würde vor allem auch die Anschaffungskosten dieser Technologie rechtfertigen und innerhalb weniger Jahre wieder durch eine niedrigere Heizkostenrechnung eingespart worden sein.

Weiter dürfte die einfache Installation, Wartbarkeit und Inbetriebnahme ein klarer Vorteil sein. Für die Installation werden lediglich ein intelligentes Thermostat, sowie ein Smartphone oder Tablet benötigt. Die Montage des neuen Thermostates kann von den meisten Menschen, ob Technikaffin oder nicht, selber und ohne Spezialgeräte vorgenommen werden. Ebenso dürfte die Steuerung des Heizungssystems für Menschen, die einen ganz normalen Umgang mit Smartphones beherrschen, kein Problem sein. Die Anwendung ist intuitiv verständlich und lässt manuelle Einstellungen sowie automatisch angelernte Algorithmen zu.

Nicht zu vergessen ist ein neu erworbener Komfortstatus mit Inbetriebnahme des intelligenten Thermostats. Nun lässt sich bequem und mobil von überall die Heizung regulieren und überwachen. So ist es beispielsweise möglich, abends nach der Arbeit in eine vorgewärmte Wohnung zu kommen.

Nicht zuletzt kann gerade in älteren oder schlecht isolierten Gebäuden und Wohnungen gezielter und mit weniger Wärmeverlust geheizt werden. Dies wirkt sich schließlich wieder auf die vorher genannten Energiekosten aus.

---

[32] Girod, B. (2014)

3.2.8 Nachteile

Kritisch bleibt vor allem die Frage nach der Notwendigkeit dieser Technologie. Der größte Treiber für einen Kauf dürften die potentiellen Energiekosteneinsparungen sein. Als zweiter großer Vorteil kann der möglicherweise neu hinzugewonnene Komfort gezählt werden.

Besonders bei den Energiekosteneinsparungen ist die Größe des Gebäudes, bzw. der Wohnung entscheidend. Bei einer 2 Zimmer Wohnung dürfte sich die Steuerung wohl kaum lohnen. Bei 2 oder 3 Heizkörpern ist eine Regulierung per Hand schneller und einfacher. Aufwand und Einsparungen stehen in keinem guten Verhältnis.

Wie bei vielen technologischen Innovationen spielen ebenso die bereits genannten sozio-kulturellen Aspekte eine tiefgreifende Rolle. Als klaren Nachteil kann die unklare Speicherung und Verteilung der gesammelten Daten gesehen werden. Es ist nicht unrealistisch, dass einige Unternehmen im Kauf dieser Daten und Nutzerprofile einen Wettbewerbsvorteil sehen und gegen das Wissen der Kunden gezielt Werbung schalten oder weitere Angebote unterbreiten.

3.2.9 Fazit

Die intelligente Heizungssteuerung ist eine Technologie im Internet der Dinge, welche heute schon Marktreife hat. Anbieter wie Tado[33] werben mit signifikanten Energieeinsparungen, welche die Anschaffungskosten von wenigen Hundert Euro innerhalb kürzester Zeit rechtfertigen würden. Dass dies tatsächlich möglich ist, haben Studien schon gezeigt. Je älter und schlechter isoliert die Gebäude waren, je mehr Einsparpotential war gegeben.

Bei der Entscheidungsfindung für oder gegen ein Kauf sollten nun einige Punkte beachtet werden. Grundsätzlich spielen immer die persönliche Affinität oder ein gesteigertes Interesse mit digitalen Geschäftsmodellen eine Rolle. Tendenziell haben hier Senioren oder ältere Menschen weniger Interesse. Deshalb dürfte diese Technik bei ihnen weniger Beachtung finden.

Typische Zielgruppen für Unternehmen sind wohl vor allem Familien mit einem Einfamilienhaus. Hier sind größtmögliche Einsparungen zu erwarten. Weiter sind natürlich auch Mehrfamilienhäuser interessant.

3.3 Erfassung und Auswertung von medizinischen Vitalwerten

Die deutsche Gesellschaft ist im Wandel. Zukünftig wird die Zahl der älteren Menschen steigen. Damit auch die Wahrscheinlichkeit höherer Gesundheitsleistungen,

---

[33] www.tado.com

beispielsweise in Form von Pflegeleistungen. Dahingehend muss mit deutlich höheren Kosten gerechnet werden. Um eine weiterhin hochwertige Gesundheitsversorgung gewährleisten zu können, sind neue, innovative und effiziente Ansätze erforderlich.[34]

In der folgenden Untersuchung soll auf eben diese effiziente Gesundheitsversorgung eingegangen werden. Dabei geht es um Anwendungen im Internet der Dinge, welche von Zuhause aus angewendet werden können. Das Erfassen, Speichern, Auswerten und Versenden täglicher Vitalwerte wie Blutdruck, Puls, Blutzuckerspiegel oder ähnliches steht dabei im Vordergrund.

3.3.1 Funktion

„Für die häusliche Versorgung spielen besonders die automatische Fern- und Selbstüberwachung bzw. –diagnose eine Rolle."[35] Hierbei werden bestehende medizinische Messgeräte mittels Sensoren zur Kommunikation mit dem Internet ausgestattet bzw. erweitert.

Es existieren mehrere unterschiedliche Messgeräte. Ob nun Blutdruck, Puls, Sauerstoffsättigung oder andere Werte, alle funktionieren nach demselben Prinzip. Über ein mit dem Internet verbundenes Gerät, wird der gemessene Wert (z.B. Puls: 70) an einen Server weitergegeben. Optimaler Weise werden die Daten in einer Cloud gespeichert und automatisch ausgewertet. Auf diese Cloud haben dann wiederum Personen oder Personengruppen Zugriff welche die Messwerte interpretieren müssen.

Im Folgenden soll nun beispielhaft ein Einsatzszenario aufgezeigt werden: Ein älterer Mann im Rentenalter lebt alleine Zuhause. Er gehört zur Gruppe der Risikopatienten mit erhöhtem Blutdruck und hatte bereits einen Herzinfarkt. Er ist teilweise auf Pflege angewiesen, möchte jedoch nicht aus seiner vertrauten Umgebung gerissen werden. Um nicht mehr so häufig zu seinem Hausarzt und anderen Fachärzten gehen zu müssen, hat er die Überwachung seiner Vitalwerte selbst übernommen. Mit Hilfe seines Blutdruckgeräts misst er dreimal am Tag seinen Blutdruck. Sein Blutdruckgerät ist mit Sensoren ausgestattet, welche die erhobenen Daten automatisch in das Patientenmanagementsystem seines Hausarztes übermitteln. Hier werden die Daten ausgewertet und überprüft, ob sie im davor definierten Rahmen sind. Sollten sie das sein, ist alles in Ordnung. Sollten Auffälligkeiten zu sehen sein, schickt das Patientenmanagementsystem eine Warnung an das Blutdruckmessgerät des Rentners mit der Aufforderung die Messung in einer halben Stunde nochmal zu wiederholen.

---

[34] Vgl. Friedewald, M. (2010), S. 155
[35] Eppinger, E. (2015), S. 498

Sollten die Werte nun ein paar Mal hintereinander zu hoch sein, wird eine automatische Meldung an den Pflegedienst oder sogar den Notarzt versandt. Analog dazu, kann der gesamte Prozess ebenso mit anderen Messgeräten angewandt werden. Zusammengefasst kommunizieren nun die Messgeräte Zuhause, mit den Systemen der Pflegedienste, Hausärzte, Fachärzte oder anderen fachkundigen und beauftragten Personen oder Institutionen.

3.3.2 Technische Umsetzung

Damit die erwähnten Anwendungen reibungslos funktionieren, ist eine Reihe von technischen Erfolgsfaktoren zu berücksichtigen.

Die Vernetzung zwischen Patient und Gesundheitsdienstleister muss sichergestellt werden. Um die relevanten Daten vom Patienten zum Arzt zu bekommen, müssen beide Parteien mit dem Internet verbunden sein. Dabei sollte beim Patienten zuhause ein einfaches Heimnetzwerk genügen. Eine Verbindung von Blutdruckmessgerät und ähnlichem mit dem Internet ist so, einfach und stabil möglich. Im besten Fall hat der Gesundheitsdienstleister auf der anderen Seite ein System, beispielsweise ein Patientenmanagementsystem, welches die übermittelten Daten aufnimmt und der richtigen Akte zuordnet und anschließend sogleich eine deskriptive Auswertung vornimmt.[36]

Anschließend, nach der Vernetzung, müssen sich Anbieter der Technologien auf Standardisierungen einigen. Besonders bei Krankenhäusern mit unterschiedlichen Systemen ist dies unerlässlich. Daten von mobilen Messgeräten müssen einheitlich eingepflegt werden. Nur so lassen sich schnelle und richtige Rückschlüsse ziehen.[37]

Zusammengefasst werden für einen erfolgreichen Betrieb zum einen intelligente, größtmöglich mobile Geräte benötigt. Zum anderen aber auch IT-Systeme, welche mit den intelligenten Dingen über das Internet vernetzt sind und die übertragenen Daten bearbeiten und auswerten können. Dabei werden einheitlich Standards benötigt.

3.3.3 Kostenersparnis

Aus der Sicht des Anwenders, des Patienten, lassen sich keine großartigen Kosteneinsparungen erkennen. Intelligente Messgeräte kosten bei der Anschaffung Geld und können auch nicht wieder eingespart werden.

Lediglich indirekte Kosteneinsparungen lassen sich erkennen. Beispielsweise könnten durch weniger Arztbesuche Fahrtkosten gespart werden.

---

[36] Vgl. Eppinger, E. (2015), S. 501
[37] Vgl. Eppinger, E. (2015), S. 501-502

Fraglich dürften allerdings die Kosten und Kostenübernahmen der Systeme der Gesundheitsdienstleister sein.

3.3.4 Zeitersparnis

Wesentlicher Grund für den Einsatz von intelligenten Messgeräten ist der Faktor Zeit. Gerade für Risikopatienten ist das schnelle Erkennen von Problematiken in den Messwerten lebensnotwendig.

Bei einem Schlaganfall bleiben Ärzten oft nur wenige Minuten Zeit um größere Schäden abzuwenden. Umso wichtiger sind Systeme, welche eine erhöhte Wahrscheinlichkeit eines potentiellen Ereignisses errechnen und entsprechend Warnungen und Hinweise versenden können.

Ebenso ist der Komfort gerade bei älteren und chronisch kranken Patienten ein wesentlicher Faktor für den Einsatz dieser Technologie. Ziel ist der größtmögliche Erhalt der Lebensqualität sowie Eigenständigkeit. Durch intelligente Messgeräte und direktes Feedback lassen sich Gesundheitsleistungen wie beispielsweise Pflege, besser und effizienter, zum Vorteil des Patienten, koordinieren und durchführen. Er bleibt unabhängiger und kann sein Leben selbstständiger führen. Heute schon sind ältere, alleinstehende Menschen zumindest teilweise auf Pflege angewiesen und können so länger in ihrer vertrauten Umgebung wohnen und leben, bevor sie möglicherweise in ein Pflegeheim müssen.

Ebenso lassen sich für Ärzte oder Pflegedienste handfeste Vorteile ausmachen. Durch das regelmäßige Übertragen der Vitalwerte können so manche Kontrolluntersuchungen vermieden werden, da die Daten schon vorliegen und nicht mehr neu erhoben werden müssen.

Zusammengefasst hilft der Patient bei diversen Messungen und schafft so für sich und die jeweiligen Dienstleister neue Situationen. Bei einer optimalen Herangehensweise sparen alle Beteiligten Zeit und können effizienter arbeiten.

3.3.5 Anwendbarkeit

„Homecare umfasst die Versorgung eines Patienten zuhause mit erklärungsbedürftigen Hilfsmitteln/Medizinprodukten, Verbandsmittel und Arzneimitteln. Im Fokus steht also nicht die reine Produktversorgung, sondern auch die Dienstleistung, insbesondere die Betreuung, Beratung und Schulung der Patienten durch qualifiziertes Fachpersonal im Rahmen einer ärztlich verordneten, ambulanten Therapie"[38]

---

[38] Friedewald, M. (2010), S. 156

Gerade bei der angestrebten Zielgruppe ist eine gute Schulung in Bezug auf den Betrieb der intelligenten Geräte außerordentlich wichtig. Ältere oder chronische kranke Menschen sind teilweise mit relativ einfachen technischen Geräten überfordert oder können deren Vorteile nicht erkennen. Deshalb ist eine umfassende Betreuung im Hinblick auf die Handhabung entscheidend für einen erfolgreichen Betrieb.

Prinzipiell ist die Handhabung der intelligent agierenden Geräte identisch zu den konventionellen Geräten. Wichtig bleibt jedoch nach wie vor eine korrekte Messung. Sollte dies nicht geschehen, werden verzerrte Werte weitergegeben und anschließend falsche Entscheidungen getroffen. Auf Grund dessen bleibt eine enge Betreuung und Schulung der Patienten durch geeignetes Personal unvermeidbar.

Analog dazu muss selbstverständlich die andere Seite, die der Ärzte und Pfleger, ebenso geschult werden. Daten im Patientenmanagementsystem eines Arztes haben keinen größeren Nutzen, wenn dieser nicht weiß wie er sie nutzen soll. Ein alleiniges Interpretieren bietet keinen nachvollziehbaren Mehrwert, sollten keine konkreten Handlungsempfehlungen abgeleitet werden können.

3.3.6 Ethik

Wie bei den vorherigen Geschäftsmodellen spielen auch hier wieder Datenschutz und Datensicherheit eine große Rolle. Deshalb sollten einige Faktoren berücksichtigt werden.

„Die elektronische Patientenakte unterliegt strengen Datenschutz- und Datensicherheitsanforderungen, die Rückschlüsse durch Dritte auf den Patienten selbst und seine medizinischen Daten nicht zulassen."[39] Es muss deshalb sichergestellt werden, dass die Daten ausschließlich Patient und Arzt (im Notfall auch anderen) zur Verfügung stehen. Insbesondere Hersteller sollten sich daher zu umfassenden und nachprüfbaren Datenschutzrichtlinien bekennen und sogar selber aktiv oder unterstützend an diesen mit arbeiten. Nur so können die Rechte der Patienten gestärkt und Missbrauch auf ein Minimum reduziert werden.

„Die Anwendungen, die sich der elektronischen Patientenakte bedienen, sind als Medizinprodukt zu betrachten, wenn eine Diagnose oder Überwachung mit den Daten ermöglicht wird. Damit ist die Entwicklung aller Bestandteile dieser Anwendung nach Medizinproduktegesetz (MPG) durchzuführen."[40] Es besteht also eine rechtliche Grundlage, nach der sich alle beteiligten Akteure, insbesondere die Anbieter, richten müssen. Ein vorsätzlicher Missbrauch kann so verfolgt und geahndet werden.

---

[39] Eppinger, E. (2015), S. 502
[40] Eppinger, E. (2015), S. 502

3.3.7 Vorteile

„Auch für die Entwicklung innovativer Dienstleistungen im Gesundheitswesen gilt (…), dass der Nutzen vor allem aus der besseren Gestaltung informationsintensiver Interaktions- und Koordinationsprozessen entsteht."[41] Dieser Nutzen zeigt sich insbesondere in einer effizienteren Betreuung von älteren und kranken Menschen. Durch eine bessere Erhebung der Daten, können Erleichterungen für Patient und Gesundheitsdienstleister geschaffen werden.

Ebenso bei der Erhaltung einer größtmöglichen Unabhängigkeit und Lebensqualität, unter Berücksichtigung von notwendigen pflegerischen Leistungen, spielen intelligente Messgeräte eine entscheidende Rolle. Hier ist es nun besser möglich, kranke Menschen in ihrem gewohnten Umfeld zu lassen und auf etwaige gesundheitliche Verschlechterungen annähernd so schnell wie in Pflegeheimen oder Krankenhäusern reagieren zu können.

Die Umrüstung der technischen Geräte auf intelligente, technische Geräte erfolgt günstig und einfach. Für den Anwender ändert sich nicht viel. Er muss über eine funktionierende, stabile Internetverbindung verfügen. Am besten in seinem eigenen Heimnetzwerk. Die Geräte verbinden sich automatisch und übermitteln die erhobenen Werte ebenso automatisiert. Auch attestieren sie dem Anwender aktiv, indem sie ihm Feedback zu seinen Werten geben und ihn etwa auffordern in ein paar Minuten nochmals zu messen.

Ein weiterer wesentlicher Vorteil ergibt sich aus der besseren und effizienteren Diagnosefindung seitens der Ärzte. Vor allem Haus- und Fachärzte haben durch den kontinuierlichen Austausch von Messwerten große Datensätze. Mehr Daten lassen bessere Rückschlüsse in Bezug auf die Einstellung von Medikamenten, aber auch anderen Therapien, zu. Weiter können diese Daten einfach und schnell mit anderen Institutionen wie Krankenhäusern ausgetauscht werden. Insbesondere im Notfall kann ein schneller und reibungsloser Austausch von Daten und Patientenakten entscheidend sein.

3.3.8 Nachteile

Nachteile lassen sich vor allem in der Umsetzung des Geschäftsmodells erkennen. Es wird entscheidend sein, Patienten auf der einen und Ärzte und Pfleger auf der anderen Seite, davon zu überzeugen, die Technologie aktiv einzusetzen. Sollte dies nicht geschehen, stehen sich Kosten und ein überschaubarer Nutzen gegenüber. Technologische Umsetzung alleine reicht deshalb nicht. Analog dazu müssen immer

---

[41] Eppinger, E. (2015), S. 499

noch intensive und umfassende Schulungen und langfristige Betreuungen vorbereitet und durchgeführt werden. Patienten müssen wissen, wie genau sie die Messgeräte verwenden müssen und wie genau der Austausch von Daten funktioniert. Ärzte und Gesundheitsdienstleister müssen diese Daten auswerten, Handlungsempfehlungen stellen und anschließend reagieren können. Damit dieser Prozess dauerhaft und stabil funktioniert, bedarf es gut ausgebildeter Personen. Krankenhäuser gehen das Thema Business Intelligence oftmals besser an als niedergelassene Ärzte.[42] Deshalb ist es oftmals sinnvoll, ergänzende Schulungen anzubieten. Sollte es bei einer ausschließlichen technischen Umsetzung bleiben, kann kein echter Mehrwert generiert werden, weder für den Patienten noch für den Gesundheitsdienstleister.

Ein weiterer Risikofaktor stellt das Thema der Standardisierung dar. Es wird notwendig sein, Daten einheitlich zu erheben und zu speichern. Gerade der Austausch der Daten zwischen mehreren Ärzten bietet Schwachstellen. Es ist auf einheitliche Datenformate und Informationssysteme zu achten.

Wie bei allen Anwendungen des Internet der Dinge spielt auch hier wieder das Thema Datensicherheit und Datenschutz eine Rolle. Gerade weil es um sensible Patientendaten geht, sollte hierauf ein besonderes Augenmerk fallen. Eine intelligente Überwachung der medizinischen Vitalwerte sollte nur in Absprache mit einem Arzt erfolgen. Hier sind dann auch datenschutzrechtliche Bestimmungen eingehalten. Beim Einsatz von gewerblichen Apps auf dem Smartphone können diese Bestimmungen viel schwerer nachvollzogen und überprüft werden.

3.3.9 Fazit

Anwendungen des Internet der Dinge im Gesundheitswesen versprechen „(…) in diagnostischen, therapeutischen, pflegerischen und dokumentierenden Funktionen, Leistungen der medizinischen Versorgung zu verbessern. Dabei wird teilweise sowohl eine höhere Qualität durch durchgängige Information und computerunterstützte Diagnose- und Therapieentscheidungen als auch eine Verringerung der Kosten durch effizientere Abläufe erwartet.“[43]

Durch die immer älter werdende Bevölkerung werden neue Konzepte im Gesundheitswesen erwartet. Dabei könnten intelligente Messgeräte eine entscheidende Rolle spielen. Relativ günstig und handlich übermitteln sie automatisch Daten an davor festgelegte Institutionen.

---

[42] Vgl. Raphael, H. (2014), S. 13-15
[43] Friedewald, M. (2010), S. 155

Die Technologie des Internet der Dinge ist heute schon häufiger in der Industrie zu finden und führt dort zu erheblichen Effizienzsteigerungen und Kostensenkungen. Eine Adaption auf das Gesundheitswesen, für welches in Deutschland im Jahr 2013 rund 315 Milliarden[44] ausgegeben wurden, wäre sinnvoll und folgerichtig.

4 Schluss

4.1 Zusammenfassung

Im vorherigen Teil wurden drei Geschäftsmodelle im Internet der Dinge für private Konsumenten vorgestellt. Diese wurden detailliert betrachtet und kritisch gewürdigt. Ebenso wurden am Ende Handlungsempfehlungen abgeleitet.

Der intelligent arbeitende Kühlschrank stellt eine umfassende Integration aller „Dinge" in ein Netzwerk dar. Im Optimalfall vernetzen sich alle Lebensmittel im Kühlschrank mit dem Internet und kommunizieren im Anschluss selbstständig. Die technische Umsetzung bleibt allerdings momentan teuer und aufwendig. Diesbezüglich sind weitere kostengünstige Entwicklungen wünschenswert. Durch eine konsequente Umsetzung kann insbesondere in größeren Familien Ordnung in die Essensversorgung gebracht werden. Durch wenig häufigere Großeinkäufe kann ebenso Zeit eingespart werden. Abschließend dürfte ein entscheidender Faktor, für den Kauf eines intelligenten Kühlschranks, die Notwendigkeit sein. Man sollte sich die Frage stellen, wie weit man sich digital abhängig machen möchte und ob man nicht sogar ohne einen hoch High-End Kühlschrank ebenso schnell ist, spontan und flexibel in jedem Fall.

Das Geschäftsmodell der intelligent arbeitenden Heizung hat heute schon Marktreife. Viele Hersteller werben mit einer einfachen technischen Umsetzung sowie signifikanten Energiekosteneinsparungen. Bestehende Thermostate können ohne Spezialwerkzeuge einfach durch intelligente Thermostate ausgetauscht werden. Gerade bei älteren Häusern, insbesondere schlecht isolierte Einfamilienhäuser, haben sich realistische Kosteneinsparpotentiale gezeigt. Ein neu hinzugewonnener Komfort ist subjektiv und dürfte sich von Konsument zu Konsument unterscheiden. Kritisch bleibt die unklare Speicherung und Verwertung der erhobenen Daten. Dies könnte als gewichtiges Argument gegen einen Kauf gelten. Hier bedarf es klarer, transparenter und nachvollziehbarer Regeln und Richtlinien.

Das letzte vorgestellte Geschäftsmodell beschäftigte sich dem automatisierten Erheben, Speichern, Übermitteln und Auswerten von medizinischen Vitalwerten privater Konsumenten. Hier geht es vor allem um handliche Messgeräte zum Messen

---

[44] Statistisches Bundesamt (2015)

von Blutdruck, Puls, Blutzucker, Sauerstoffsättigung oder ähnliches. Ziel ist eine vereinfachte und effizientere Beziehung zwischen Patient und Gesundheitsdienstleistern wie Ärzten, Krankenhäusern oder Pflegediensten. Dadurch ist es möglich, älteren oder chronisch kranken Patienten, so gut es geht den Erhalt von Lebensqualität und Unabhängigkeit zu ermöglichen. Umfassende Anwenderschulungen sind dabei unvermeidbar. Durch die Einstufung als Medizinprodukt und dem Erbringen von Gesundheitsleistungen, unterliegen die Anwendungen der ärztlichen Schweigepflicht sowie sonstigen nationalen und internationalen Datenschutzbestimmungen.

4.2 Ausblick

Das Internet der Dinge ist längst Realität. Die vorgestellten Geschäftsmodelle haben heute schon Marktreife, zumindest teilweise. Die Branchen der Geschäftsmodelle sind so unterschiedlich, dass klar wird, das Internet der Dinge ist eine Entwicklung, welche in nahezu der gesamten Wirtschaft Anwendungsgebiete findet. Von der Energiewirtschaft, über das Gesundheitswesen, bis hin zu elektronischen Haushaltsgeräten. Die Einsparpotentiale sind enorm. Eine konsequente und kostengünstige Umsetzung wird entscheidend für den Erfolg sein.

Genauso interessant dürfte die zukünftige Akzeptanz künftiger potentieller Anwender sein. Wird man das Internet der Dinge als Chance zur Entlastung und Effizienzsteigerung betrachten oder aber als Werkzeug zur Förderung der digitalen Demenz? Zumindest besteht die Gefahr, „(…) dass Menschen sich immer stärker auf Technologien verlassen und dabei tatsächlich verlernen, Dinge selbst zu tun und zu entscheiden, schlussendlich selbst zu denken (…)."[45]

---

[45] Andelfinger, P. V. (2015), S. 166

Literaturverzeichnis

Andelfinger, V. P./Hänisch, T. (Hrsg.) (2015): Internet der Dinge. Technik, Trends und Geschäftsmodelle, Wiesbaden.

Bieger/zu Knyphausen-Aufseß et al. (2011): Innovative Geschäftsmodelle. Konzeptionelle Grundlagen, Gestaltungsfelder und unternehmerische Praxis, Heidelberg.

BITKOM (2015): 44 Millionen Deutsche nutzen ein Smartphone, URL: https://www.bitkom.org/Presse/Presseinformation/44-Millionen-Deutsche-nutzen-ein-Smartphone.html (27.10.2015)

Bosch Software Innovations (2015): Was ist das Internet der Dinge, URL: https://www.bosch-si.com/de/internet-der-dinge/iot/iot.html (27.10.2015)

Bundesamt für Sicherheit in der Informationstechnik (2015): Radio Frequency Identification (RFID). Was sind RFID-Systeme? URL: https://www.bsi.bund.de/DE/Themen/DigitaleGesellschaft/RadioFrequencyIdentification /radiofrequencyidentification_node.html (27.10.2015)

Deutsches Forschungszentrum für künstliche Intelligenz (2007): Intelligenter Kühlschrank, URL: http://www.dfki.de/irl/de/themen/heimbereich/intelligenterkuehlschrank.htm (16.11.2015)

Doleski, O. D. (2014): Integriertes Geschäftsmodell. Anwendung des St. Galler Management-Konzepts im Geschäftsmodellkontext, Wiesbaden.

Eppinger/Halecker et al. (2015): Dienstleistungspotenziale und Geschäftsmodelle in der personalisierten Medizin. Konzepte, Analysen und Potenziale, Wiesbaden.

Friedewald/Raabe et al. (2010): Ubiquitäres Computing. Das „Internet der Dinge"-Grundlagen, Anwendungen, Folgen, Berlin.

Girod/Lang et al. (2014): Abschlussbericht. Energieeffizienz in Gebäuden: Herausforderungen und Chancen für Energieversorger und Technologiehersteller, in: ETH Zürich Sus Tec, Group for Sustainability and Technology, Zürich.

Heertje, A./Wenzel, H.-D. (1997): Grundlagen der Volkswirtschaftslehre, 5. Auflage, Heidelberg.

Kaufmann, T. (2015): Geschäftsmodelle in Industrie 4.0 und dem Internet der Dinge. Der Weg vom Anspruch in die Wirklichkeit, Wiesbaden.

Michelis, D. (2014): Der vernetzte Konsument. Grundlagen des Marketing im Zeitalter partizipativer Unternehmensführung, Wiesbaden.

Miller, F. (2001): Vernetzt und smart: vom Kühlschrank bis zur Badewanne, in: Fraunhofer Magazin 2.

Raphael, H. (2014): Business Intelligence im Krankenhausmanagement. Herausforderungen an Kliniken im DRG-Zeitalter, Wiesbaden.

RWE SmartHome (2015): RWE SmartHome Heizkörperthermostat, URL: https://www.rwe-smartstore.de/SmarthomeCatalog/RWE-SmartHome-Heizkoerperthermostat-zid10122171 (16.11.2015)

Schallmo, D. (2013): Geschäftsmodell-Innovation. Grundlagen, bestehende Ansätze, methodisches Vorgehen und B2B-Geschäftsmodelle, Wiesbaden.

Servatius/Schneidewind et al. (2012): Smart Energy. Wandel zu einem nachhaltigen Energiesystem, Heidelberg.

Springer Gabler Verlag (Hrsg.) (2015): Gabler Wirtschaftslexikon, Stichwort: Konsument, URL: http://wirtschaftslexikon.gabler.de/Archiv/4488/konsument-v8.html (27.10.2015)

Statistisches Bundesamt (2015): Gesundheitsausgaben im Jahr 2013 bei 314,9 Milliarden Euro, URL: https://www.destatis.de/DE/PresseService/Presse/Pressemitteilungen/2015/04/PD15_1 32_23611.html;jsessionid=9344EA13A8DE0A75E6AB3894B3FBD8B7.cae4 (24.11.2015)

Strassner, M./Fleisch, E. (2005): Innovationspotenzial von RFID für das Supply-Chain-Management, in: Wirtschaftsinformatik 47, St. Gallen.

Tado (2015): Das smarte Thermostat für deine Heizung, URL: https://www.tado.com/de/ (16.11.2015)

Tamm/Tribowski et al. (2010): Informatik im Fokus. RFID, Heidelberg.

Telekom (2015): „Wir wollen Lösungen mit echtem Mehrwert", URL: https://www.telekom.com/innovation/netz-der-zukunft/82490 (27.10.2015)

Weis, B. X. (2014): Praxishandbuch Innovation. Leitfaden für Erfinder, Entscheider und Unternehmen, 2. Auflage, Wiesbaden.